AF509318

TRAITEMENT		RETENUE	RESTE	NOMBRE		À L...
DE CHAQUE GRADE,		DE 5 pr 0/0 pour la caisse des retraites.	NET à payer par mois.	de JOURS		ret... les v...
par an.	par mois.			d'exercice.	de vacance.	
5	6	7	8ᵉ	9	10	
fr.	c.	fr.	c.	fr.	c.	fr.	c.			

HARPIE MÂLE, MONSTRE AMPHIBIE VIVANT,

s dans l'Amérique Méridionale, Province de Chili, en sortant du Lac de
a, d'ou il ne sortoit que la nuit pour dévorer Cochons, Vaches et Taureaux:
ce-Roy voulant éviter l'embarquement d'une trop grande quantité
stiaux pour sa nourriture, le fit conduir dans les terres jusqu'au Golfe
nduras d'ou on l'a embarqué pour la Havane et de la pour l'Espagne.
e monstre mange 1. Bœuf et 3. ou 4. Cochons par jours.

HARPIE FEMELLE, MONSTRE AMPHIBIE.

Cette Harpie a été apperçue vers le même Lac de Fagua, elle a les mêmes proportions que son mâle tant pour les Ailes, Queües, Pates, Cornes, Oreilles, Chevelure, que pour la grosseur et longueur qui est de 12 pieds.

Le Vice-Roy apporte tout ses soins pour que cette femelle soit prise.

DESCRIPTION
HISTORIQUE
D'UN MONSTRE SYM-BOLIQUE, Pris vivant fur les bords du Lac Fagua, près Santa-Fé, par les foins de Francisco Xaveiro de Meunrios, Comte de Barcelonne & Vice-roi du Nouveau Mexique.

Envoyée par un Négociant du pays à un Parifien, fon Ami.

A SANTA-FÉ

Et fe trouve A PARIS, chez le correfpondant de l'Auteur, Rue Neuve les Petits-Champs;

Et fous les Portiques du MYSTERE.

1784

16° 2
17841

1992   2474

ANECDOTE

RÉLATIVE A LA HARPIE.

DEs affaires particulieres m'ayant obligé d'aler à V... il y a quelques jours, pour les terminer ; comme c'eſt un pays ou les protections ſont d'un grand ſecours, ſur-tout pour un provincial qui ne connait d'autre étiquéte & d'autre uſage que ceux de ſa province, je ſupliai mes protecteurs de me donner quelques lettres de recommandation pour ce pays là ; ce qu'ils firent ſurtout M. le D. de C.... Il m'en donna une fort étendue ſur mon af_ faire qu'il connaiſſait a fonds, pour préſenter à un des principaux Miniſtres, de qui dependait en par- tie la cauſe à laquelle j'alais proceder ; avec ordre exprès de la lui preſenter moi- même ; comme il était en effet de mon devoir & de mon interêt de le faire. Etant arrivé à ſon hotel je demandai a

ſon

fon Suiffe fi fon maitre était vifible, il me repon-
dit brutalement [comme font les gens de cette efpèce] qu'il ne le ferait pas de deux heures pour
moi & que je pouvais aler faire un tour de prome-
nade en attendant. Mon air étranger l'enhardit fans
doute a me faire une fi fotte reponfe, moi qui
dailleurs n'avais pas l'air de lui payer généreufe-
ment ma vifite comme font tant d'autres pour être
plutôt introduits. Si quelqu'un fut furpris d'entendre parler un fuiffe avec tant d'autaurité, ce fut
moi, mais enfin il fallut me conformer a fes ordres
(c'eft tout dire), parce que c'eft fonvent de ces
gens là que dépend la réuffite d'une affaire.

Je pris le parti non de m'aler promener [comme
je fais que tous ces gens là font marchands de
viu,] mais celui de lui demander s'il voulait m'en
donner en payant, parce qu'étant fatigué je ferais
bien aife de me repofer & de me rafraichir en
attendant l'heure vifible de fon maitre. Sur la
demande que je lui fis , autant il m'avait paru
                                              dur

dur & intraitable dès le premier abord , autant il se montra doux & affable. Je ne raconte ceci que parce qu'il est lié à une anecdore assez plaisante, dont je fais part aux curieux. Il me fit servir ce que je lui avais demandé, dans un salon ou était une compagnie qui faisait le même office que j'alais faire. Ils étaient cinq grivois qui discouraient a leur aise sur toutes les affaires du temps. A ce que j'en peus conjecturer, ils étaient tous gens de maison , & c'est apparement la leur rendez - vous pour se communiquer les affaires & nouvelles du temps; car l'un parlait des affaires du clergé, touchant les Evêques particulièrement; l'autre des ports de mer & des vaisseaux; un autre de la guerre prête a éclater entre l'Empereur & la Hollande, & du parti que la France devait prendre ; enfin un autre, des charges & des places données a telle & telles personnes : chacun racontait ce qu'il savait, qu'il avait vu ou entendu. La conversation commençait a devenir amusante sur-tout pour moi qui ne suis pas accoutumé d'entendre faire de pareils recits.

Je

Je commençais a prendre plaifir a les écouter, lorsque tout à coup une voiture-a-quatre cheveaux alant ventre a terre, les interrompit par le bruit qu'elle fefait. Ils fe levérent pour voir ce que c'était, l'un deux fe mit a dire tout haut, c'eft la Harpie, c'eft la Harpie. Moi qui n'y avais vu qu'un homme dedans je fus furpris de l'entendre nommer ainfi, mais je n'ofai leur en demander le fujet. Tout en refflechiffant il me vint dans l'idée que ce M. était quelque Seignenr étranger connu fous ce nom là, puifque je n'en avais jamais entendu parler, & qui ne connaiffais dans notre langue, fous le nom de Harpies qu'un monftre fabuleux. Je me promenais ainfi d'idée en idée lorsque deux mef-fieurs entrerent & fe mirent fans autre cerémonie avec les premiers. Ces deux derniers avaient un coftume tout differend des autres; l'un était habillé de rouge & richement galonné; l'autre l'etait en bleu & tout couvert d'or. Ces derniers commence-rent par faire le récit de ce qu'ils avaient vu & entendu

tendu chezleurs maîtres. L'Homme bleu commença par dire qu'il avait vu ariver M. de C… qu'ils'était fait introduire chez son maître sans se faire annoncer comme a l'ordinaire & qu'il falait qu'il y eut quelque affaire bien pressante pour venir si matin, de si loin. Ba vous parlez de ce monstre interrompit l'homme rouge, qu'on appelle Harpie! qui, lui! des affaires préssantes, il n'en a jamais que des mauvaises! il vient sans doute presenter l'état de ses rapines, ou peut-être la liste des animaux de toute espèce dont il s'est rassassié depuis qu'il nétait venu. Si vous saviez ce que notre Monsieur en dit tous les jours, vous seriez étonné qu'on laissât subsist er un monstre de cette nature, qui envahit & dévore tout.

Quoi ! Serait-il possible! reprit l'homme bleu, qu'il existât un pareil monstre sur la terre ! Je n'en avais pas encore entendu parler; contez moi donc tout ce que vous en savez car je serais bien aise de le tout savoir, même dès son origine, si cela se peut.

Mon

Mon ami il eſt très poſſible de vous ſatisfaire, repartit l'homme rouge, car notre Monſieur ſe fait un ſi grand plaiſir de le raconter a tous ceux qui lui viennent rendre viſite, que je ſais de point en point toute l'hiſtoire. De plus un Negociant du Mexique lui à anvoyé le récit d'un monſtre amphibie qui a été pris dans ce pays là, qui eſt le même que celui-ci : je l'ai tranſcrit mot pour mot, & le voici.

Il ſortit le manuſcrit de ſa poche, que l'homme bleu prit & lut tel qui ſuit.

LETTRE

D'UN

MEXICAIN

A UN PARISIEN SON AMI.

JE profite mon cher ami du départ du vaisseau la CONCEPTION qui a tenu quelque temps le commerce du golphe du Méxique, & qui va faire voile pour Cadix : j'ai fait passer au Capitaine ANTONIO PENSADO mon paquet de lettres pour l'Europe, & tu dois recevoir les tiennes à ton adresse ordinaire, rue neuve des Petits-Champs à Paris. Les dernieres que tu m'as écrites, dattées du 15 d'Août, m'ont été rendues. J'ai lù & relu avec un plaisir singulier les détails Aëroftatiques

& furtout l'évènement tragi - commique du Bal-
lon miollan.

Tu raconte les chofes avec tant de facilité &
d'affaifonnement, que tout le monde s'empreffe de
fe procurer tes narrations : je les ai publiées, &
j'en fuis à la douzième édition, en ayant toujours fait tirer le nombre de trois mille exemplai-
res. Tes anecdotes du Magnétifme Annimal & du
Bacquet de Mr. Mefmer ont auffi un grand fuccés;
de manière que mes concitoyens prifent bien haut
l'avantage de ta correfpondance ; & moi qui fais
ne la devoir qu'à l'amitié, jugè fi j'en fuis or-
gueilleux.

Serais - tu bien aife de favoir quelque chofe de
nouveau de notre continent ; voici du récement
découvert.

Il vient de paraître dans nos cantons, a quatre
lieues, Oueft de Santa - Fé, le long du lac Fagua
un monftre d'une nature fingulière : figure humaine ; cornes de Taureau ; oreilles d'Anne, eheve-
lure abondante, hériffée, ou plutôt crinière de
Lion ; des yeux étincelans & qui roulent l'avidité ;

nez applati; machoire bien garnie, d'où s'élevent deux crochets horribles qui affujetiffent la lévre fupérieure ; aîles de chauve - fouris; dos couvert d'écaille jauniffante ;. de fon corps, la partie d'en haut eft de figure humaine , & le refte s'alonge en ferpent d'environ douze pieds de long ; deux queues inégales ; il fe fert de la plus longue pour faifir & contraindre fa proie ; avec l'autre qui eft armée d'un dard très aigu , il egorge & fait couler le fang dont il s'abreuve avec délices ; pates cour-tes, terminées par des griffes de corne formidables.

Mr. de Buffon ne parle pas d'un animal femblable : les anciens n'en connaiffaient point de cette efpèce. Les nouvelliftes de Santa - Fé lui donnent unanimement le nom de HARPIE : ils ont tort. Les Harpies font différentes: Virgille nous les dé-peint bien autrement quand il leur fait fouiller les mets de la table d'Enée. Peut - être que les Santa-Fediens veulent défigner par cette dénomination connue, une bête mechante, vorace, & qui dévaf-te le Département qu'elle tient (c'eft-à-dire l'é-tendue de pays qu'elle occupe): que les Santa-Fédiens font drole!   A 3

Du temps que j'etais en France , & que je com-
merçais dans la Lorraine , on parlait beaucoup à
Nancy d'un monſtre approchant , qui par ſes ravages déſolait les pauvres gens·de la province.

Après avoir ſouffert outre patience , les Lor-
rains éclaterent , & offrirent de l'argent aux trou-
pes qui les gardaient , pour donner la chaſſe à l'A-
NIMAL deſtructeur qu'ils nommèrent tout de ſui-
te , BOVI - FAGE , PORCI - FAGE , VULGI-
FAGE , parce qu'il mangeait leurs Bœufs , dévorait
leurs Cochons , & abſorbait les pénibles proviſions
du peuple.

La troupe reſta immobille : elle ne poſſedait rien
dans le pays , & ne craignait pas que la bête avalât
les Cazernes.

L'affliction régnait par - tout : on entendait
chanter à la fin des offices , dans quelques paroiſſes
de campagne (reſte de patriotisme) , NOMINE,
SALVUM FAC DUCEM, ET MORTUUM AS-
PIDEM. Les jeremiades n'étaient pas d'un grand
ecours,

Quelques Payfans ayant apperçu leur ennemi en rafe campagne, coururent en avertir d'autres, il s'attrouperent en grand nombre, armés de ce qu'ils avaient trouvé fous leurs mains, des pioches, bêches, batons, broches, hâches, léviers, rouillardes, fufils &c. Ils fe difperférent enfuite fans beaucoup tarder, pour occuper les poftes & lui couper chemin : ils allaient bon jeu, bon argent, comme on dit, bien determinés.

Le monftre fentant le danger, par leur marche bruyante, & voyant qu'ils gagnaient toujours du terrein ponr l'entourer, fit jouer le dernier reffort de fa puiffance : il s'arrêta avec fierté, circula des régards étincelans & des cris épouvantables : mais il était feul épouvanté : le reffentiment le plus vif animait fes chaffeurs. Ils l'approchaient de plus en plus : il rafe auffi - tôt la terre à l'aide de fes aîtes & part comme un éclair : il voit venir à fa rencontre un peloton précipité d'ennemis ; il tournoie & s'enfonce dans un étable à bœufs qui fe prefente, renverfant d'un feul coup portes & barrieres : il y fut bientôt pourfuivi : mais les bœufs, par on ne fait quel inftinct ou mouvement (nous autres hom-mes, nous ne pouvons gueres bien expliquer les actions des bêtes.) parurent furieux a la porte & en défendirent opiniâtremeut l'entrée en formant un rempart impénétrable avec leurs têtes & leurs cornes menaçantes.

La nuit furvint : un orage creva de ces côtés, le monftre grinpa au grenier a foin, & difparut par la fenêtre au milieu des éclairs & du tonnerre, trainant après lui les habits de travail du bouvier, fous lefquels il s'était caché en partie, qui refterent attachés à fon corps.

L'orage ceffé les payfans revinrent a la charge avec des flambeaux, mais tout était calme, les bœufs etaient tranquilles, & la bête fut cherchée en vain pendant trois heures, là & aux environs.

La Lorraine n'à plus vu depuis pareil monftre fur fes terres.

La nouvelle intéreffante de la fuite du monftre ne tarda pas a être repandue dans toute l'Europe, & plus loin encore, une bête de cette conféquence fait du bruit.

Il resta quelque temps caché dans la forêt obscure & silentieuse pour se ménager sans doute une autre destination , plus tolerante que la Lorraine.

Chaque province de France craignait en son particulier de servir de repaire à cette bête insatiable : les papiers publics annoncerent qu'on l'avait apperçue en Flandres ; & les Lillois , qui ont un commerce fort étendu , confirmerent cette facheuse nouvelle à leurs cerrespondans de Marseille , Londres , Petesbourg , Madrid &c.

Ses ravages n'y furent pas si grands , quoiqu'il se fissent bien sentir. Elle fit du mal impunément dans cette province , & sans aucun danger ; car le Prince , Comte ou Seigneur , (que sais - je , moi ; un négociant n'est pas tenu de savoir la Geographie infailliblement) , celui qui a pour apanage ce pays - là : [je crois y avoir mis le doigt dessus , cette fois-ci] , avait défendu indistinctement à tout habitant , chasse & attroupement , sous peine d'un sevére informé & de punition arbitraire.

Toute-fois la bête découvrant de temps - en temps des pièges anonymes ' & craignant dy être

prife quelque jour , & ayant auffi en vue une meil-
leure contrée , jugea a propos, puifqu'on fe gardait
bien de tuer les monftres , jugea a propos dis-je de
lâcher la Flandres dont il tenait déja un coin dans
fa gueule , pour aller roder autour du GRAND
PATURAGE, du PATURAGE PAR EXCELLENCE,
où l'on voit de toute forte d'Animaux que l'Être
Suprême a créés , même des monftres , mais non
pas de fon efpèce : il etait unique.

Il s'enfonça donc de nouveau dans la forêt obf-
cure & myftérieufe : les Lillois ajouterent deux
syllabes à fon nom , pour toute vengeance : il fut
appellé BOVI - PORCI - VULGI - FLANDRI-
FAGE.

Voilà l'hiftoire & la difparution de votre monftre Français: mais le notre , d'où vient-il ? qu'el
eft-il ? où s'eft-il formé ? Tout-à coup il s'eft
montré puiffant a nos yeux. A l'âge qu'on lui don-
ne , il n'y aurait rien d'étonnant que ce fût le même. Il aurait bien pu avoir été en Lorraine & en
Flandres du temps que je parle.

Mais comment ferait-il parvenu en AMÉRI-

QUE, dans le nouveau Méxique, au LAC de Fagua, à quatre lieues, Ouest, de Santa - Fé, où réside notre bon Vice Roi FRANCISCO - XAVEIRO de MEUNRIOS? Quoique amphibie & avec des aîles; il n'aurait jamais pu faire un voyge si long, surtout d'un seul trait, sans s'arrêter. LA mer n'est pas son élément naturel: il s'est habitué à plonger & à rester sous l'eau, par la fréquente nécessité de se cacher & se mettre à l'abri des pourfuites.

Il faudrait nécessairement supposer pour son identité, que de la LORRAINE d'où il s'est sauvé en habit de *Bouvier* pendant une nuit orageuse, il cût continué vers le nord; effectivement il fut en Flandres; & que de là s'avançant toujours de tanière en tanière du coté de l'Ourse, il soit arrivé a la mer glaciale, d'ou risquant le voyage de glace en glace, de terre en terre & d'islot en islot, il ait serpenté, & charié son corps jusques a la baye d'Hudson où il aurait pris tout-à-fait le continent pour descendre dans l'Amérique au LAC de Fagua, si voisin de l'ancien Risfa, que les Espagnols appellent aujour-d'hui Santa - Fé, pour le distinguer d'un autre Rifpa, où un de leurs fameux Diâcres fit beaucoup de miracles par l'opération de la Santa - Fé, mère des Croyans.

Oui, cela eſt probable, je n'en doute plus: NOTRE MONSTRE eſt le votre : il a fait le trajet que je viens de dire. Et que n'aurait - il pas fait encore pour mettre les pates & les griffes au Pérou !

Mais laiſſons à part, qu'il ſoit Européen ou de l'Amérique. C'eſt tout au plus une queſtion qui donnera à parler à quantité de bavards oiſifs ; il était plus important de s'occuper de ſes ravages, & des moyens d'y mettre fin ; on y a travaillé & on a reuſſi.

Ce monſtre, comme il y a lieu de le croire, a demeuré d'abord quelque temps tranquille & caché ſous les eaux de Fagua, faiſant maigre chère, mangeant des petits poiſſons, ſe nourriſſant a l'aventure de ce qui s'offrait à lui aux heures des répas [il avait appris à jeûner dans ſa route] ; ſe haſardant par fois de ſortir la nuit, & d'aller chercher quelques brebis, mais ſans notable dommage, autre qu'un loup aurait pu faire: ah! il ne faut que commencer dans le métier de brigand, pour y faire des progrès rapides!

Le danger ne s'etant pas encore préfenté, il prit l'habitude d'aller toutes les nuits à la petite guerre, & à chaque fois il devenait moins difcret: il dévorait déjà quatre, cinq brebis à fon fouper, lui qui avait vécu un temps de racines & de petits poiffons.

Il fut furpris par des chiens intrépides qui gardaient un troupeau: mais la facilité avec laquelle il envéloppa le plus hardi dans fa queue & le feigna de fon dard, fit reculer les autres : il dévora impitoyablement de pauvres brebis, de timides moutons & de tendres agneaux ; en fe retirant il tomba fur des cochons & s'abreuva du fang de plufieurs.

Le lendemain l'allarme fut générale dans le canton. On vit avec le jour le carnage de la nuit: chiens, brebis, cochons égorgés ; parcs brifés, troupeaux difperfés : quels coup de foudre pour les fermiers des environs du Lac! Des bourgeois de

Santa - Fé etaient auffi intéreffés dans cette perte. Le defaftre y fut bientôt fu. Dans les places publiques on s'atroupait par pelotons pour parler de l'animal deftructeur, ou pour écouter ceux qui en parlaient. Que de conjectures, que de prétendues probabilités ne débitait - on pas ! chacun donnait fon fentiment.

Ne t'imagine pas que notre VICE - ROI en fut inftruit le dernier. Il avait fû dans le temps, avant cette horrible nuit, tout le mal inconnu que le monftre avait fait. Mais il eft des malheurs néceffaires. Si dadord il avait publié qu'il exiftait un monftre vorace dans le Lac de Fagua, & qu'il en fortait la nuit pour dévorer les beftiaux, les ravages étant encore prefqu'infenfibles, on l'aurait cru faiblement, & on n'aurait pas donné chaffe avec vigueur a cette bête malfaifante. Il fallait que la calamité devint un peu plus forte & plus générale, afin que plus généralement on la fentit & plus on s'empreffât à l'aneantir.

Cette fois - ci il donna une permiffion non limitee de s'attrouper dans la campagne avec armes à feu & autres pour détruire ce monſtre : mais il fit entendre par des grandes promeſſes qu'il ſerait plus charmé qu'on le prit vivant.

Notre VICE-ROI eſt ſi bon & ſi peu diſſimulé avec ſon peuple, que ſa penſée eſt au bout de ſes lèvres, & on devine aiſément ce qu'il veut : il eſt obei avant qu'il commande.

On courut s'occuper d'obſerver le monſtre, de decouvrir ſa retraite & de connoître ſes ruſes & ſes détours quand il fondait ſur un troupeau, pour travailler enſuite à lui tendre des embuches inévitables & ſolides.

Cependant le monſtre (ſoupçonné auſſi par le Vice-ROI d'être le BOVI-PORCI-VUIGI-FLANDRI-FAGE de la France,) continuait ſes courſes nocturnes : à chaque ſortie il en voulait à des plus belles proies : il attaquait maintenant les taureaux du Nouveau Monde, & avec ſes deux queues il en venait a bout.

Tous les arbres plantés autour du LAC de Fagua eſpace d'environ deux lieues, furent occupés au déclin du jour par des obſervateurs bien ar-

més, munis de quelques provifions de bouche &
d'un peu de liqueurs fortes, Il pouvait être mi-
nuit : le filence & le fomeil dominait. La lune
dans un ciel libre de nuage verfait fur la terre
toute fa lumière, & formait un crepufcule argenté:
les eaux du Lac s'agiterent : plufieurs gros poiffons
parurent fe jouer à l'envi fur la furface. Un ins-
tant après, le mouvement devint plus fort,
[c'etait à l'Eft du Lac]: il s'élança de l'abîme
une vague volumineufe qui vint fe rompre au
rivage, laiffa le monftre à fec & récula s'ancan-
tir fur elle même.

Ceux qui etaient perchés fur les arbres de ce
côté, virent diftinétement la bête fécouer l'onde
de fa chevelure, s'alonger de fes douze piéds &
gagner droit les montagnes à paturages: comme
une perdrix, elle alait d'une rapidité étonnante
fur fes deux pates, & rafait le fol par intervale.

Les ftationnaires ne bougerent pas : ils avaient
garde de s'endormir.

Deux heures après, le filence qui regnait fur
les bords du Fagua fut interompu par des cris

aigres, perçans & épouvantables , que pouſſait un troupeau de cochons vraiſemblablement pourſuivis par le PORCI - FAGE : bientôt on les vit arriver en foule & ſe précipiter avec fureur dans le LAC , comme s'ils euſſent eu des démons dans le coprs. La bête ne parut pas.

Ceux des ſentinelles qui eurent l'eſprit préſent à la choſe , ſe figurerent être ſur les bords du lac de Généſareth & être témoins des parades du diable LÉGION qui , au premier commandement, ſortait du ventre des hommes & courait la poſte dans celui des cochons.

A l'aube, quand le jour commença à poindre, on vit venir le monſtre , ſe rétirant avec nonchalance : il ſe plongea dans l'eau en tourbillon.

Aux premiers rayons du ſoleil, (c'etait le ſignal convenu,) les obſervateurs deſcendirent des arbres, s'avertirent à grands coups de ſiflets, ſe réunirent , & partirent enſemble pour Santa - Fé. Chemin faiſant ils trouverent une foule d'habitans attroupés devant deux bergeries dont les portes avaient été enfoncées cette nuit - là par le monſtre; l'une était inondée de fang & déferte, à fix cochons près qui s'etaient blotis entr'eux, & femblaient ne faire qu'une même maffe; on avait beau les féparer avec des tridens, ils fe réuniffaient toujours; & dans l'autre etait un bœuf couché fur fes bleffures : & quelques autres de l'étable, échapés au carnage, formaient une barrière autour de lui & empêchaient qu'on ne l'approchât.

Arrivés a Santa - Fé, nos gens y firent le détail de leurs découvertes.

Les chefs de l'entreprife après avoir conféré avec le Vice - Roi, après avoir reçu fon avis, celui des perfonnes ingénieufes, & après s'être fagement confultés enfemble, déciderent de faire faire par les ferruriers de Santa - Fé un char de fer, couvert en forme de coffre, de la longueur de trente - fix piéds, douze de largeur, & vingt de hauteur, en barreaux à jour, le deffus en tre-buchet, fe fermant avec folidité en tombant, & donnant jeu à plufieurs refforts pour faire partir des armes à feu mafquées dans les coins, qui avertiraient de la chûte du monftre.

On

On fit battre la caiffe pour trouver de ouvriers qui vouluffent aller ouvrir un foffé affez grand pour y enterrer ce coffre ; & en paffant fur le port *al trigo*, on enrôla deux cents manœuvres défœuvrés.

Le Vice - Roi aurait volontiers fourni quelques companies de fon régiment, mais ce régiment de MEUNRIOS fe trouvait pour le préfent à une foixantaine de lieues de Santa - Fé, occupé aux travaux d'un canal.

Deux journées fuffirent pour ouvrir ce foffé; & le char fut fini après huit jours & huit nuits de travail confécutif. On en fit l'effai : attelé de dix payres de bœufs, il roula fur quatre roues dans toutes les grandes rues de Santa-Fé, en proceffion, précédé de tous les Saints en banières : il fut béni des mains propres de Monfignor l'Archevêque. Il fortit enfin des barrières de la ville, & fuivit le pavé qui mène à Fagua : cette route eft encore éclairée la nuit par des reverbéres fufpendus au milieu du chemin, pour la commodité des équipages & des courriers nombreux qui la fréquentent à toute heure.

B

La machine arrivée a l'endroit où on avait pratiqué une ouverture, y fut defcendue non fans peine: mais le nombre des ouvries qui étaient bien commandés, la placèrent d'aplomb, comme il fallait. Auffitôt après on lui bâtit deffus une maifonnette, guere plus large, mais un peu plus longue : le toit etait ruftique, en bois & feuillage, pour donner au piège une apparence de chaumière, etable à bœufs. Le fol trompeur etait parqueté de planches & couvert de paille fraiche. La moitié etait bien folide, c'etait les barreaux de fer du char ; & le refte etait auffi de planches au même niveau, couvert de paille fraiche ; mais elle tenait par artifice, parce que l'autre moitié du couvercle du char, etant mobile fur des charnières, etait dreffé, un peu penché en arriére, tenant aux planches perfides par des chaînons, & défendant l'approche d'une crêche qui terminait la longueur de la maifonnette. A cette crêche on attacha deux veaux & on y anferma quelques agneanx feparés de leurs mères. Les beuglemens des uns & les bélemens des autres formérent dans la nuit quand tout fut tranquille, un concert bruyant, & capable de faire venir les loups, ou le monſtre de bien loin.

Les environs n'etant pas plantés d'arbres fort hauts, il en fut placé quelques uns pour ſervir d'obſervatoire : tout fut bien diſpoſé : la bête & l'événement.

Le LAC etait auſſi obſervé : elle en ſortit à ſon heure ordinaire, vers le milieu de la nuit & ne vint roder cependant que deux heures après autour de la chaumière. Elle ſembla ſe décider avec peine d'y entrer : elle avança preſque juſqu'au milieu, & retrograda auſſi-tôt : mais les bêlemens continuels des agneaux l'y rappellerent bien vite : elle s'y enfonça ſans précaution, donna de la tête contre les barreaux qui fermaient la crèche ; les planches manquerent ſous ſes pates & ſon corps ; elle tombe dans le char, pouſſant un cri épouvantable ; le trebuchet ſe ferma en retentiſſant ; quatre coups de piſtolet partirent : les obſervateurs deſcendirent a grand bruit des arbres : on tira le canon de convention : il y fut repondu par un autre , &c. , dans deux minutes on fut à Santa - Fé que l'animal etait pris.

Au jour, arriva des gardes Méxicaines pour ecarter la populace qui ne manquerait pas de venir. Le Vice - Roi fe rendit à cheval, au trcbuchet du monftre : la cavalcade etait magnifique & digne de la pompe Efpagnole : tous les grands de la cour l'y fuivirent : il y avait même le frere d'un ancien roi du pays , fous le nom de Cacique Léos, qui fut bien aife de rendre fa vifite au monftre chez lui, dans fes terres de Fagua.

La chaumière fut démolie , le foffé élargi , le monftre decouvert dans fa cage en préfence de la cour, au fon des inftrumens militaires, & on l'effrayait de temps en temps par le bruit de la moufqueterie : il dévorait les bareaux de fa prifon , verfait des larmes de fang & dédaignait les quartiers de bœufs qu'on lui introduifait.

On avança les machines pour foulever le char & le remettre à fol : on en vint a bout : enfuite on voulut y atteler encore les dix payres de bœufs : mais ce ne fut pas poffible de les faire approcher : ils pouffaient des mugiffemens horribles, fitôr qu'on voulait les faire avancer vers le monſtre.

Deux cents Négres y furent employés pour le trainer juſqu'à Santa - Fé ; & cinquante autres armés de léviers facilitaient le chariot autour des roues : les fanfares les plus belliqueuſes animaient tout le monde : la cour venait après le char : & un VIVAT général, non interrompu accompagna notre bon Vice - Roi juſques dans ſon palais, où le monſtre fut dépoſé, après avoir été très-bien reçu aux portes de la ville par les moines & le clergé ſéculier de Santa-Fé, qui lui firent voir proceſſionnellent toutes les places publiques.

Le monſtre toujours bien approviſionné ſe décida à ne pas mourir de faim : on ſe fit une fête de le voir dévorer : le Vice ✶ Roi qui l'avait reconnu pour être le monſtre de la Lorraine & de la Flandres, ſavait ſes goûts & lui faiſait ſervir des bœufs, des cochons & du menu peuple, c'eſt-à - dire, agneaux, moutons, &c. On cherchait à lui donner un nom : Xaveiro de Meunrios lui reſtitua ſon ancien de BOVI - PORCI - VULGI-FLANDRI - FAGE ; à méſure qu'on l'écrivait en haut de la cage, un courtiſan fit paſſer a la bête un cocq qu'elle avala. Arrêtez, arrêtez, s'écria le plaifant, en s'adreffant au peintre, mettez auffi qu'il mange les cocqs. — Quels cocqs? — De toute efpèce. Le barbouilleur regarda le Vice-Roi qui fourit & lui fit figne d'obeir. Il écrivit en belles lettres d'or, & en deux lignes ces mots.

MONSTRE, BOVI-PORCI-VULGI-FLANRDI-OMNI-GALI-FAGE.

L'inscription fut applaudie & refta apparente.

Cependant le Vice-Roi fentant qu'il etait de fon dévoir de faire paffer ce monftre en Europe, à fon maître le roi d'Efpagne, le fit trainer par des Négres jufqu'à Honduras, avec ordre de ne lui point laiffer manquer de vivres. De Honduras il fit voile pour Cadix & il arrivera à Madrid par étape, traverfant la SILVA BOLONESA.

Telle eft, mon ami, la rélation exacte de ce qu'à fait le monftre BOVI- &c. dans notre continent. A préfant qu'il eft en Europe tu feras à portée de favoir fon fort; j'efpére que tu m'eu

feras part. On eſt inquiet d'apprendre le traite-
ment que lui fera le roi d'Eſpagne : le livrera-
t-il au peuple, aux gladiateurs : tu ſais comment la populace s'acharna jadis ſur les deux
monſtres, mâle & femelle, qui etaient venus d,I-
talie, pour ravager. Elle pourait bien en faire
autant cette fois-ci. A propos de femelle on dit
avoir vu celle du monſtre ; ſi elle ſort du LAC
elle ſera bientôt priſe. On la guête. Adieu, ſi
j'apprends des particularités ſur ſon compte, je
te les manderai une autre-fois. Adieu.

Ton ami, Monos de la
Rédige.

De Santa-Fé le 5 Octobre 1784.

P. S. Je viens de recevoir cette lettre de l'Iſle
de Cuba où les gravures du monſtre ſont répen-
dues : je te l'envoi telle quelle.

» Vous avez voulu, Monſieur, étonner notre
» crédulité par le recit merveilleux de votre

» monftre , par fon portrait éffroyable que vous
» nous avez fait parvenir ; mais vous n'avez pas
» réuffi long - temps , nous avons bientôt eu trou-
» vé la clé de tout cela. Ce n'eft pas à nous qu'il
» faut en revendre

» Votre monftre n'eft autre que votre nou-
» veau Calderon de Santa - Fé , qui occupe tous
» les jours votre théatre pour une certaine mau-
» vaife pièce Efpagnole, qu'il a faite , tous les
» traits portent. La tête humaine de la bête , mar-
» que bien la tête de l'Auteur; fes dents, fes
» crochets , défignent la fatyre , la mordacité ;
» fes aîles de chauve - fouris font voir qu'il ne
» peut planer bien haut , où indiquent les toiles
» d'araignée de fa maifon paternelle. Du comique
» de fes queues de ferpent , celle qui entortille,
» fignifie l'efprit de chicane que l'auteur a tou-
» jours eu , & le dard veut dire une épée avec
» laquelle il ménace les paons ou les oifons qui
» le plefentent ; mamelles pleines de lait font
» les recettes de fa mauvaife pièce bien payée;
« elles figurent auffi le projet d'un établiffement
» de bienfaifance pour les mères nourriffes , &

» il dévore tout lui seul, cochons, veaux &
» vaches dont les cornes lui fortent par la
» tête. »

Je fuis.&c.

Le comte de la Chaleb.

Hélas peut - on interprêter fi mal.

CONCLUSION.

Que la clef d'argent à du pouvoir pour ceux qui la poſſedent! Moyſe avec la baguette de ſon frère, toute miraculeuſe qu'elle etait en avait bien moins, car l'écriture ne nous dit pas qu'il en ait fait d'autre uſage que celui de faire ſortir de l'eau d'un rocher, en frapant deſſus; encore que ſait-on ſi ce prodige fut operé naturellement, ou non; contentons-nous de le croire, puiſqu'on nous le dit. Ce qu'il y a de certain, c'eſt qu'il y a quelques années qu'un viſionnaire s'aviſa de dreſſer le théatre de ſes opérations miraculeuſes au milieu d'une des principales rues d'un des fauxbourgs de Rispa. Tous les habitans y coururent en foule pour voir les prodiges de ce Moyſe moderne; le théatre etait bien placé; le lieu de la ſcène ne pouvait être mieux au gré des ſpectateurs, mais ſoit que ce fut par un pouvoir divin ou non, lorſque tous les ſpectateurs furent aſſemblés, le faux prophéte fit mouvoir tous ces reſſorts magiques, mais il eut beau frapper de ſa baguette ſur le rocher pour en faire ſortir de l'eau, le rocher fut ſourd a ſes paroles & inſenſible aux coups qu'il recevait. Ce prodige fut operé d'une façon bien plus viſible a tous les aſſiſtans. Le temps etait calme & ſerein, mais tout-à-coup un nuage épais vint cacher le ſoleil & lança de ſon ſein une ſi grande abondance d'eau que tous les aſſiſtans en furent inondés. Nous de-

vons atribuer la caufe de ce phénomène extra-
ordinaire à la divinité feule & non au faux Moyfe. Si ce prophéte avait connu le magnetifme , il
aurait pu en faire ufage, comme fait un homme de
nos jours. Cette reffource lui aurait peut - ètre
épargné la honte dont il fe couvrit. Mais revénons
à la cléf d'argent. bien plus fûre que la baguette
du faux Moyfe : elle à le moyen d'introduire
ceux qui la poffédent, dans les Palais des Grands
& dans les cabinets les plus fécrets des Princes ;
elle introuduit même dans l'intérieur des ames &
dans les plus fécrèttes, penfées des hommes en
place : c'eft elle qui m'à procuré la facilité d'ac-
querir ce que je prends la liberté d'offrir aux
amateurs de la vérité & de la patrie, & ennemis
de la tyranie & de l'oppreffion. L'homme jufte
peut lire fans crainte ; mais que celui qui croira
voir fon portrait dans le monftre dont on vient
de lire la défcription , la life, la déchire, la jette
au feu, n'importe, le tableau n'en eft pas moins
fait, où dumoins commencé.

FIN.

Transcription des ordres de jour et de nuit, conformément
de service, avec indication du poste et de l'heure où il
(Ce cadre et le suivant ne servent qu'aux brigades

Ordre de jour, reçu au poste

www.ingramcontent.com/pod-product-compliance
Lightning Source LLC
LaVergne TN
LVHW011406170726
843501LV00006B/2040